Lk 85.

(Extrait de la Revue de Marseille.)

Guide du Marseillais à Aix.

LES ÉGLISES. — SAINT-SAUVEUR.

S'il est une ville dont l'étranger, et surtout l'étranger venu de Marseille, conserve bien à tort un mauvais souvenir, c'est Aix, la ville nobiliaire. Jurés, témoins, plaideurs et passants, tous s'accordent à dire qu'Aix est une ville détestable, et qu'ils ne voudraient pas même y être enterrés. Combien en avons-nous vu de ces malheureux membres du jury, qui, arrachés à leurs affaires, font supporter à Aix le poids de leur mauvaise humeur, et croient qu'il n'y a pour tuer le temps, que les façades du Cours, la fontaine d'eau chaude, ou l'arrivée des diligences. Assurément, nous concevons leur ennui.... vivre quinze jours ainsi, il y a bien là de quoi lasser la patience même la plus robuste. Mais qui les force à passer ainsi le temps ? pourquoi négligent-ils ce qu'Aix pourrait leur offrir de curieux ? pourquoi ne font-ils point de ces quinze jours de supplice, quinze jours d'agréable loisir et de délassement ? pourquoi.... c'est que, si nul ne l'avertit d'ouvrir les yeux, il est dans la nature de l'homme de passer indifférent.

Mais comme il est aussi dans sa nature de regarder lorsqu'on l'invite à voir, nous avons cru utile d'écrire ces quelques lignes.

Bien que cette étude pût avoir son attrait, nous n'engagerons point ici nos compatriotes à feuilleter les chroniques d'Aix ; et pourtant ils verraient que l'histoire de cette ville ressemble pour ainsi dire à l'histoire de la vie de l'homme.

A sa naissance l'homme est bien faible, mais il repousse vite les langes de l'enfance, croît et grandit. Il touche à l'adolescence; à la jeunesse succède l'age mûr, qui fait place à son tour à la décrépitude. Telle fut la ville d'Aix, qui, fondée par Sextius Calvinus 123 ans avant Jésus-Christ, ne fut d'abord qu'un petit bourg. Ses eaux thermales lui donnèrent le rang de ville. L'empire fit beaucoup pour elle, et Aix comptait dans les Gaules lorsque, pendant une période que nous appellerons intermédiaire entre l'adolescence et l'âge mûr, elle courba le front sous le sceptre des Bourguignons, des Goths et des Mérovingiens. Les Carlovingiens accrurent sa splendeur, et après eux et les rois d'Arles, Aix devint la capitale de la comté de Provence, titre qu'elle eut encore sous la domination des rois. Tirons un trait sur son histoire jusqu'en 1789. Une nouvelle ère commence. Aix est la ville du passé: elle ne vivra plus que par son souvenir. *Væ victis*, a dit le Gaulois; oui, malheur aux vaincus, Aix en est la triste preuve, Aix, la cité romaine, Aix, capitale du bon roi René, Aix, l'aristocratique, Aix, réduite à disputer ce qui lui reste encore à son orgueilleuse voisine, la commerçante Marseille.

Nous n'engagerons pas non plus notre Marseillais, à se livrer à des travaux curieux, pour déterminer avec certitude où s'élevait le palais des comtes de Provence, ou quel emplacement couvraient jadis les tours romaines. Nous ne lui dirons point d'aller voir le long de la façade méridionale des prisons, quelques ruines d'une ancienne église de Sainte-Catherine. Nous ne lui dirons pas de se livrer à des hypothèses plus ou moins ingénieuses, sur quelques pierres de la façade Saint-Sauveur, ou sur le mur contre lequel s'appuie la fontaine de la place de l'Archevêché. Nous ne le conduirons pas dans les bains Sextius pour examiner quelques ruines romaines, nous ne lui parlerons ni d'inscriptions hébraïques, ni d'aqueduc, ni de tronçons de granit, ni de mille autres pierres auxquelles se rattachent des souvenirs, soit de Rome, soit du moyen-âge. Ces travaux ont leur beau côté, nous l'avouons; mais nous avouons qu'il faut avoir une vocation toute particulière pour les entreprendre. Aussi, négligeant l'histoire et l'érudition, nous conduirons le visiteur Marseillais, d'abord dans les églises, ensuite dans les monuments publics, en dernier lieu dans les hôtels particuliers.

1° Saint-Sauveur.

J'étais tout enfant, lorsque Saint-Sauveur s'offrit à mes yeux pour la première fois. Désireux d'assister à l'inauguration du concile, mon père m'avait conduit à Aix ; et aujourd'hui je ne pourrais que très-imparfaitement rendre compte des sentiments divers que j'éprouvai à la vue de cette cathédrale. Je n'avais point encore vu de nef bien tracée, de vaisseau majestueux, de basilique digne de ce nom. Je ne connaissais que nos églises de Marseille, petites, basses et sans ornements. Aussi, étais-je émerveillé devant ce vaste temple, ces orgues sculptées habilement, ce chœur aux nombreuses stalles. Sans cesse je regardais les voûtes, et la ligne gothique, et les rosaces du plafond, et longtemps j'eus devant les yeux les ciselures de la façade, les sibylles de la grande porte, et les tableaux qui parent les murs. De ma vie je n'oublierai mon étonnement et mon admiration.

Mon admiration était alors instinctive : elle est raisonnée aujourd'hui. J'admire Saint-Sauveur, parce qu'il est admirable, et vous l'avouerez comme moi, si vous voulez me suivre.

Nous entrerons par la petite porte de la place de l'Archevêché. Pourquoi par la petite porte? me direz-vous. Pourquoi.... c'est que je suis entré par là le jour où M. l'abbé Maurin, savant aussi distingué que modeste, m'a conduit à Saint-Sauveur, et m'a donné les détails que je vais vous communiquer. Puisque nous parlons de la petite porte, n'oubliez pas de regarder un marteau fort curieux qui s'y trouve placé. Lorsque vous l'aurez vu, entrons dans le cloître.

Je ne vous ferai pas la description d'un cloître ; vous savez que c'est un espace limité de chaque côté par des colonnettes. Il en est de celui de Saint-Sauveur comme de tous ceux que vous pourrez voir. Seulement, les colonnettes ont cela de curieux qu'elles ne se ressemblent point entr'elles, et qu'elles sont, les unes arrondies, les autres octogones, quelques-unes carrées, quelques autres en spirales, celles-ci sans aucun dessin, celles-là couvertes d'ornements. Les chapiteaux participent à cette variété : sur trois, le premier sera décoré de feuilles d'acanthe, le second orné de dessins pieux, le troisième vous représentera quelque animal fantastique. Que l'archéologue ne quitte pas le cloître sans déchiffrer une inscription gothique placée entre deux colonnettes, et que le touriste regarde dans les galeries, des autels anciens, des inscriptions mutilées, et un lion qui figurait jadis sur le tombeau de Devins (Devins, on ne l'ignore pas, était le chef des ligueurs de Provence); cela fait, quittons le cloître, non sans jeter un coup-d'œil sur un bénitier, autrefois tombeau.

La nef dans laquelle nous pénétrons, est celle vulgairement appelée du *Corpus Domini*. Elle fût bâtie de 1060 à 1080, par le prieur Benoît, tout près d'un ancien temple d'Apollon, et sur l'emplacement d'une ancienne chapelle dédiée au Sauveur. Les fidèles pouvaient prier de la grande porte à la porte qui mène au cloître ; le sanctuaire était sous la coupole qu'on aperçoit en levant les yeux. Ce qui s'étend du sanctuaire au transsept du sud était l'espace réservé aux chanoines réguliers.

La courbure des arcs, l'écrasement des voûtes et la coupole, nous font voir que cette chapelle était bâtie dans le style romano-byzantin. A côté de la grande nef et de ses lignes gothiques, elle a je ne sais quel air insolite, avec ses corniches aux feuilles de chêne, ou bien aux feuilles d'acanthe, avec ses piliers surmontés de colonnettes et ses médaillons emblématiques.

Cette nef peut offrir au touriste plus d'une curiosité. Et d'abord, à gauche, une tribune en pierres dont on se servait jadis, et à droite, le baptistère dont la coupole est soutenue par des colonnes antiques, et dont les autels sont ornés de tableaux représentant les sacrements. Primitivement, lors du prieur Benoît, le baptistère n'était pas dans l'église, mais depuis on l'a joint à cette dernière en abattant un mur.

Passons par le transsept du sud pour arriver à la grande nef. Mais regardons un instant à droite, une grande toile donnée à la ville par le gouvernement, et représentant le martyre de saint Appien. Jassier a su mettre bien en relief deux figures, le bourreau et la victime, et peindre avec naturel les flots où va tomber l'heureux martyr. Regardons encore la chapelle du *Corpus Domini*, construite en 1739, par Jean Mounier, doyen du Chapitre, et venons à la grande nef. C'est l'archevêque Rostang de Noves qui, en 1285, fit construire sous son pontificat, l'abside, le chœur et les deux transsepts, et c'est Olivier de Pennard, dans le XVe siècle, sous le bon roi René, qui prolongea l'église jusqu'à la porte. Bien que ces deux parties soient l'une et l'autre dans le genre gothique, il est pourtant facile de s'apercevoir qu'elles ont été bâties à des époques et par des artistes différents. Il n'y a qu'à voir le couronnement des chapiteaux : celle du XIIIe siècle a les angles très-saillants, celle du XVe au contraire, forme presque une couronne.

Après ces quelques mots historiques, venons aux détails en commençant par le sanctuaire. Il est impossible de ne pas s'apercevoir qu'en tirant une ligne droite du milieu de la grande porte à l'abside, on n'atteindra pas le milieu de cette dernière. C'est qu'il y a un côté du sanctuaire légèrement plus enfoncé que l'autre, pour mieux représenter la croix, et pour faire allusion à ces paroles : *inclinavit caput*, il inclina la tête.

Le grand autel du sanctuaire est non-seulement remarquable par ses belles colonnes en marbre et par son couronnement, mais encore par trois bas-reliefs. Le premier, à gauche en entrant, généralement attribué à Puget, représente Madeleine visitée par les anges dans sa solitude. Il y aurait toute une étude profitable à faire sur les poses des anges et sur l'attitude de la sainte. Le second, à la base de l'autel, représente la résurrection de Lazare. Le troisième, sainte Madeleine recevant la communion des mains de saint Maximin, n'est pas entièrement fini, mais il ne faut pas croire pourtant, qu'il ne soit qu'ébauché. Ces deux derniers bas-reliefs sont de Veyrier de Crets, élève de Puget, qui lui en avait donné les dessins.

Derrière l'autel du sanctuaire, six bancs de pierre sont séparés entr'eux par des arcades ogivales : c'étaient les stalles des chanoines. Voyons maintenant deux chapelles, dont la première, celle de saint Jean, a été bâtie par André d'Estienne, et la seconde, celle de saint Mitre, par Aimon Nicolaï, tous deux archevêques d'Aix. La chapelle de saint Jean-Baptiste est dans le genre renaissance : c'est une coupole gracieuse entourée de piliers aux feuilles d'acanthe et de niches vides de saints. On voit au-dessus de l'autel, encadrée dans du marbre rouge, une sculpture de Veyrier en pierres de Calissane. Elle représente Jésus avec sa croix et saint Jean-Baptiste lui baisant les pieds, les figures des deux enfants sont pleines de grâce et de naturel.

Dans la chapelle de saint Mitre, ce qui d'abord frappe la vue, c'est un tableau sur bois du quinzième siècle, représentant la vie du saint, et grâces à un heureux anachronisme, le palais des comtes de Provence et la métropole. On voit le saint faisant l'aumône, le saint allant à l'église, le saint entre des soldats, le saint conduit chez le juge, le saint interrogé, le saint portant sa tête, le saint gisant à terre. Au bas du tableau, Jacques de la Roque et sa femme semblent prier. Au-dessus se trouve le tombeau qui renfermait, dans l'église de la Seds, les restes du saint. Ce tombeau, du moyen-âge, curieux par ses nombreuses sculptures, a perdu son véritable couvercle. Celui qu'on lui a donné, n'était pas le couvercle d'un tombeau chrétien mais d'un tombeau payen, comme le prouvent les génies et les victoires qui y sont représentés. Au devant même de l'autel se voit la tombe de l'archevêque Aimon, dont le portrait est gravé sur la pierre tumulaire. On rencontre ensuite en descendant, une belle crédence en marbre de Chastel, surmontée de lions. Ces lions, que le roi René fit mettre au pied de son trône, pour figurer l'envahissement de ses états, appartenaient, dit-on, à une tombe des premiers chrétiens, comme semblent l'indiquer les crânes qu'ils dévorent. On aurait voulu représenter ainsi les sanglantes scènes de l'amphithéâtre.

Quittons maintenant le sanctuaire pour descendre dans la grande nef. Jetons un coup-d'œil sur le chœur, dont les 98 stalles et les boiseries, ont été faites en 1720 par l'abbé de Thomassin, chanoine de Saint-Sauveur ; regardons en passant les orgues, construites en 1724, et si l'organiste ne nous arrête pas, si le chœur n'est pas couvert de cette tapisserie anglaise dont on le revêt aux jours de fête, dépassons la balustrade.

Le premier objet qui s'offre à nous, à gauche en descendant, est le tableau de Jean de Bruges. Ce triptique, qu'Aix attribue généralement à René, représente dans son milieu la vierge au-dessus du buisson ardent. Tout autour de la haie miraculeuse paissent les troupeaux de Moïse, vers lequel s'avance un ange aux longues ailes. On voit à droite plusieurs personnages parmi lesquels est le bon roi René ; à gauche, se tient Jeanne de Laval, accompagnée de saint Jean, de sainte Catherine et de saint Nicolas. La reine et le roi sont l'un et l'autre dans l'attitude de la prière. Si l'on se reporte au temps où l'artiste a peint cette toile, on ne peut s'empêcher d'admirer son talent, puisque même à notre époque, son œuvre est remarquable.

Immédiatement après, vient un tableau curieux au point de vue historique : c'est un don royal fait à Saint-Sauveur pour remercier le ciel de la naissance du duc de Bordeaux. Ce qu'il y a de remarquable dans cette toile, ce n'est pas le mélange plus ou moins heureux des couleurs, ni l'expression plus ou moins grande des physionomies, c'est qu'on a donné à la vierge les traits de la mère du duc de Bordeaux, à celui qui se tient à sa droite la figure du duc de Berry, et à celui qui se tient à sa gauche celle du duc d'Albufera.

Tout à fait au bas de l'église, du côté gauche en descendant, arrêtons-nous devant un tableau d'Eliéser, qui représente le massacre des innocents et l'immolation de l'agneau, le triomphe des innocents et le triomphe de l'agneau. C'est une ingénieuse pensée que celle d'associer ainsi les joies et les douleurs du Christ aux joies et aux douleurs de ceux pour lesquels il disait : laissez venir à moi les petits enfants. Mais ce n'est pas l'idée seulement qu'il nous faut louer ici, c'est encore son exécution. Autant dans son triomphe nous réjouit cette bande enfantine qui s'avance vers le Christ tenant des palmes à la main, autant elle nous impressionne douloureusement dans ses malheurs avec ces figures pâles et ces corps gisant à terre, ces corps que l'on croirait glacés. Cette toile était dans la chapelle de l'archevêché ; mais un archevêque l'a faite enlever, parce que quand il disait la messe, il ne pouvait voir sans peine cette émouvante peinture. Quel noble orgueil eût ressenti l'artiste s'il eût entendu donner cet ordre !

En face du tableau d'Eliéser, le mur à droite en montant est décoré d'une toile de Crayer, donnée en 1821 à la ville d'Aix par Louis XVIII. Ce tableau représente la Vierge, à qui plusieurs saints viennent rendre hommage ; il faut surtout remarquer, pour le naturel, la figure de Marie, et dans le premier plan du tableau, la pose de saint Crépin.

Si l'on monte vers le sanctuaire, on rencontre au dessus de l'autel du peuple (ainsi appelé parce que c'est là que se font les exercices de la paroisse), un tableau de Sinsonius : l'incrédulité de Thomas. Comme étude anatomique, le Christ est à voir, et comme composition et variété de figure, cette toile mérite l'attention. L'honorable prêtre qui nous accompagnait, nous a dit que bien souvent des Anglais avaient offert de l'acheter en le couvrant de pièces d'or.

Nous allons maintenant quitter la grande nef pour entrer dans la nef de Notre-Dame d'Espérance, mais nous nous arrêterons auparavant devant une chapelle fort curieuse. L'autel qui la décore n'a point été toujours à cette place : il se trouvait jadis dans la sacristie de l'église des Carmes, où l'avait élevé la famille Eygosi, et c'est monseigneur de Beausset qui le fit transporter à Saint-Sauveur. La chose la plus remarquable de cette chapelle est cet autel avec ses statues : celle du milieu représente sainte Anne tenant la Vierge dans ses bras, à sa droite est saint Maurice, protecteur d'un ordre de chevalerie créé par le roi René, à sa gauche sainte Marthe avec la tarasque son trophée. Au-dessus de l'arcade qui couronne l'autel, est un Christ en pierre surmonté d'un pélican, et ayant à ces deux côtés le soleil et la lune. Maintenant rien ne nous retient plus dans la grande nef, et nous pouvons passer dans la nef de Notre-Dame d'Espérance.

La nef de Notre-Dame d'Espérance n'était pas primitivement comme elle est aujourd'hui : il n'y avait pas ces enfoncements fermés avec des grilles qui servent de chapelle ; les anciennes chapelles étaient dans la nef proprement dite et s'étendaient d'un pilier à l'autre pilier. Elles ne communiquaient pas entr'elles, mais étaient séparées par un mur qui fut abattu plus tard. Nous comprenons maintenant pourquoi cette nef est ici dans le genre gothique et plus loin dans un tout autre genre. Lorsqu'on abattit les murs, le gothique avait vieilli, les moulures de la renaissance le remplaçaient partout, et ceux qui ouvraient la nef n'étaient pas hommes à lutter contre le goût dominant.

La première chapelle à gauche est la chapelle de saint Maximin et des âmes du purgatoire. Le seul objet curieux de cette chapelle est à gauche en entrant : c'est le tombeau d'Olivier Pennard, mort archevêque d'Aix en 1284. Il ne faut point croire, comme quelques personnes, que la statue de saint Martin, qui surmonte cette tombe, ait toujours été placée là : elle était anciennement dans la chapelle des Martin de Puyloubier.

La chapelle qui vient avant celle de Notre-Dame d'Espérance, est celle de monseigneur du Beausset, vulgairement appelée chapelle de l'Archevêque, parce que là se trouve son tombeau. On peut voir au-dessus de l'autel une toile de Pérugin, représentant l'adoration des mages, et remarquable par toutes les qualités qui distinguent ce grand maître, la finesse et l'expression des physionomies, la richesse du coloris et l'habileté contraste des couleurs. Les murs de la chapelle sont encore décorés par quatre tableaux gothiques, peints sur bois, et dont les sujets sont du Nouveau Testament. En examinant certain tableau sur le couronnement d'épines, il est à remarquer que l'artiste a donné aux soldats juifs le costume et l'équipement des servants d'armes du moyen-âge.

Bâtie dans le XVIIe siècle et dans le genre néo-grec, la chapelle de Notre-Dame, qui termine la nef, se recommande par son ancienne statue et par deux bas-reliefs, dont celui de droite représente les consuls consacrant la ville d'Aix à la Vierge, et celui de gauche André Bonacursius, évêque de Tricarique, guéri miraculeusement par l'intercession de Marie. Nous devons mentionner aussi les petits anges de la corniche, dont l'un semble regarder encore la croix d'argent qu'il tenait jadis et qu'avait donnée Louis de Lavalette, pour remercier la Vierge d'avoir délivré Candie assiégé par les Turcs.

Nous allions oublier un très-beau vitrail gothique d'un assez curieux travail, qui se trouve au-dessus de la chapelle de l'archevêque. Nous en avons fini avec l'intérieur de la cathédrale, passons à l'extérieur.

Nous nous proposions de décrire les portes et la façade, mais comme nous prenions la plume, nous avons réfléchi que notre louange imparfaite n'en égalera jamais le mérite, et nous nous sommes arrêté. Mais pour ne point laisser de lacune, nous avons eu recours à un écrivain tout méridional, et certes, parmi nos lecteurs, nul ne nous blâmera de lui offrir une citation de M. Louis Méry, à la place de quelques lignes que nous eussions pu donner.

« Les étrangers, a dit M. Méry dans ses *Boucles d'oreilles*, les étrangers qui arrivent dans cette ville, hors les jours de fêtes solennelles, peuvent se procurer pour dix sous la satisfaction de contempler les célèbres portes de Saint-Sauveur. Ils doivent s'arrêter d'abord à examiner le portail surbaissé dont la pierre cintrée, travaillée et fouillée avec le soin que les artistes du moyen-âge mettaient à la festonner d'acanthes, étale des saints et des saintes dont la révolution française fit disparaître les têtes. Le reste du corps fut respecté. Les têtes leur ont été remises il y a quelque temps. Cette façade extérieure ressemble à celle de presque toutes les cathédrales du quatorzième siècle. Rien n'y manque, ni les canelures gracieuses, ni les statuettes s'élevant les unes sur les autres, ni la rosace flamboyante et grandissant au-dessus de la légère corniche.

« D'ignobles étuis poudreux recouvrent les portes que l'on a prétendu à tort être en bois de cèdre. Ces portes sont en bois de noyer ; elles furent sculptées en 1504. Chacun des deux ventaux est divisé en deux parties inégales. La plus basse représente deux prophètes ; la plus élevée étale sur deux rangs six figures de femmes qu'on s'obstine à appeler sibylles : *teste David cum sibyllâ*. Les vêtements de ces femmes se rapportent au quinzième siècle. On est étonné du degré d'expression et de finesse que l'artiste a donné à ses figures. Dans les compartiments couverts en filets légers et soigneusement exécutés, des arabesques, autour de ces arabesques, des guirlandes de fleurs, des fruits se suspendent avec grâce ; leur dessin est plein de délicatesse. »

Une ligne pour le clocher, commencé en 1323 et fini en 1444.

Voilà Saint-Sauveur tel que nous l'avons vu, Saint-Sauveur l'église gothique, l'église du prieur Benoît, l'église du bon roi René, l'église sous les voûtes de laquelle, lorsqu'il se fit couronner roi d'Arles, se tenait debout Charles-Quint, revêtu de la dalmatique impériale, l'église qui nous a tant impressionné tout enfant.

SAINT-JEAN.

De la route de Marseille, le voyageur aperçoit Aix au milieu d'une verte vallée, Aix avec ses édifices aux teintes noires et ses clochers qui montent vers le ciel. Mais parmi les clochers ce n'est pas celui du Saint-Esprit, ce n'est pas celui de Saint-Sauveur, qui fixe surtout ses regards, c'est le clocher de Saint-Jean, l'église gothique, l'ancien prieuré de l'ordre de Malte. Elle est certes bien belle, cette flèche élancée, lorsqu'elle se détache, le jour, sur le fond gris des montagnes voisines. Mais elle est encore plus belle la nuit, quand la lune jette sur elle sa lueur incertaine et capricieuse, et semble de loin, se reposer sur sa croix. Je ne sais si cet effet de lumière impressionnera quelqu'un de nos Marseillais, pour moi, je n'y ai jamais été insensible, et j'ai rêvé bien souvent à la vue de cette flèche éclairée par la lune, j'ai rêvé aux siècles qui ne sont plus, à la piété de nos pères, aux chevaliers aux manteaux noirs, qui construisirent cette église. J'ai rêvé aux princes magnanimes qui reposent sous ces voûtes, aux soldats généreux qui y reposent avec eux. J'ai rêvé à ces hommes inconnus que leur piété faisait artistes et que les siècles ont oublié : j'ai rêvé.... mais pourquoi communiquer ici mes rêveries ? elles intéressent peu le Marseillais et ne contribuent pas à dissiper son ennui. Prenons-le donc par la main, et après ces quelques mots d'introduction, qu'il nous suive dans l'église Saint-Jean.

Sous le règne de Raymond-Bérenger IV, les hospitaliers de la langue de Provence, bâtirent à Aix, sur l'emplacement d'un temple de Minerve, une église qu'ils dédièrent à Saint-Jean. Commencée en 1233 par Béranger Monge, commandeur de Manosque et d'Aix, cette église fut achevée en 1251, et consacrée à Dieu par Pierre de Colmieu, vice-gérant en Provence du pape Innocent IV. Dix-huit ans suffirent donc pour construire ce temple merveilleux, qui devait résister aux siècles, et dont la foudre même ne put détruire la flèche aérienne. Cette église gothique est dans le genre simple et non dans le genre flamboyant ou fleuri. La façade et la voûte ne montrent donc ni ronds entrelacés, ni capricieuses guirlandes, ni saints finement sculptés. Là, ni les salamandres, ni la danse macabre, ni les sybilles, ni les prophètes ne fixent l'attention. Tout est plus grave, le goût est plus primitif. C'est bien une église gothique, mais une église gothique sévère, telle qu'elle convenait aux prêtres-soldats.

Après cet aperçu historique et ces quelques mots sur l'architecture de l'église, venons aux détails en commençant par l'extérieur. La façade est simple. Dans son milieu se voit une fenêtre ronde découpée en forme de trèfle. Au-dessous est la porte gothique, divisée en deux par une svelte colonnette, comme c'était l'usage alors. Sur la fenêtre ronde s'appuie un fronton triangulaire surmonté d'une croix de Malte, et ayant deux tourelles à ses côtés. Ces tourelles sont percées de meurtrières ainsi qu'une portion de la façade. On voit bien là, l'ordre de Malte. Le prêtre était souvent obligé, suspendant sa prière au Dieu des armées, de saisir le glaive ; et dans le même jour il pardonnait à ses ennemis, et Dieu lui pardonnait.

Mais dans la façade, ce qui surtout commande l'attention, c'est le clocher dont nous avons parlé. Il s'élève majestueux au-dessus du sol, emblème de nos prières, qui quittent elles aussi, la terre pour monter vers le ciel. Des corniches extérieures le divisent en plusieurs étages, chaque étage présente une fenêtre. Au premier étage, c'est à dire au niveau de la base du fronton triangulaire, on en a percé une, qu'une svelte colonne divise en deux et qu'un quatrefeuille surmonte. Bien différente de la première fenêtre, dont la largeur est en harmonie avec la hauteur, la fenêtre du second étage, sans colonnettes ni quatrefeuille, est d'une hauteur disproportionnée : c'est là que les cloches se balancent. Au-dessus de cette longue fenêtre, se voit un fronton triangulaire, percé de trèfles en son milieu. La tour est enfin surmontée d'une pyramide à plusieurs faces, armée de crochets et percée de petites fenêtres. A chaque bout du fronton triangulaire s'élèvent de petits clochetons armés de crochets, eux aussi, et percés de fenêtres ogivales. Voilà la description topographique de ce clocher de Saint-Jean, que l'on voulait démolir quand Charles-Quint envahit la Provence, et qui, conservé par ordre de Montmorency, fait encore aujourd'hui l'admiration des visiteurs.

Une ligne pour les salamandres et autres animaux fantastiques qui rejettent loin du mur les eaux de la pluie, et passons dans l'intérieur de l'église. Un demi-jour mystérieux, une nef bien tracée, des colonnettes légères montant le long des murs, de grandes fenêtres, un abside carré, et des chapelles latérales, voilà ce qui d'abord frappe la vue. Mais examinons les choses moins superficiellement.

L'église est tournée vers l'Orient, comme le commandent les canons. C'est une croix latine, dont le chevet ou l'abside n'est pas rond comme dans les églises romaines, mais carré de même que les transsepts.

La ligne gothique s'épanouit partout, et va s'ajouter aux clefs de voûtes ornées de rosaces : l'église a sept travées et dix chapelles, en comptant les deux transsepts. Tout autour de l'église et contre chaque pilier, sont fixés sur des appuis en marbre rouge, seize bustes différents. Ce sont les bustes du Sauveur, de la Vierge, des douze Apôtres, de saint Paul et de saint Barnabé, que, pour orner l'édifice, le prieur Viany fit faire par Veyrier. Dans le fond de l'église on peut voir, ou mieux entrevoir (car le temps l'a presque effacée), une grande fresque que fit faire ce même prieur Viany. Elle représente, ou elle représentait le baptême du Christ dans les eaux du Jourdain. Dans le chœur, il faut encore regarder les sculptures de la crédence, dues à l'habile ciseau de Veyrier.

Passons maintenant à l'examen des chapelles, et d'abord la chapelle du transsept du nord. Le principal ornement de cette chapelle est le tombeau gothique d'Alphonse II et de Béranger IV. C'est en 1828 (comme le prouve une inscription placée dans le mur, à gauche en entrant), que les Aixois poussés par la reconnaissance, construisirent ce monument funéraire, sur le modèle et les dessins de l'ancien tombeau détruit en 93.

Quant on voit un tombeau chrétien, une idée toute naturelle se présente à l'esprit : c'est que la religion chrétienne est celle qui honore le mieux les morts. Que l'on ne dise pas que les pyramides sont des monuments plus dignes de notre immortalité que les tombeaux du moyen-âge ; par leur masse lourde et sans ornements, elles sont peu faites pour honorer la spiritualité de notre âme, et si j'avais à me prononcer, je préférerais ce tombeau gothique aux monuments des Pharaons.

Le monument se divise en trois parties. Dans la partie du milieu figure un baldaquin soutenu par des colonnettes en faisceau, dont trois se trouvent sur le devant et deux sont appuyées au mur du transsept. Le baldaquin est surmonté par trois pyramides légères, reposant sur un fronton triangulaire percé dans son milieu d'une rosace à jour. De chaque côté de la rosace partent, se dirigeant vers les colonnettes, deux arcades ogivales, au haut desquelles s'épanouit une colonne soutenue par de petits anges. Au-dessous même de ses anges s'arrondit la dernière arcade sculptée en forme de trèfles, et aux extrémités de laquelle sont des têtes de saints qui semblent regarder la statue d'Alphonse. On voit sur le baldaquin des chiens sur des corps humains, allégorie que nous ne nous expliquons pas.

Au-dessous du baldaquin et couché sur un tombeau, repose Alphonse, les mains croisées sur la poitrine, le corps couvert du costume des hospitaliers et les pieds sur un levrier, emblème de la fidélité.

Les bas-reliefs de ce tombeau méritent une mention particulière, d'abord par leurs sculptures, ensuite par la connaissance qu'ils nous donnent des costumes du temps. Au côté gauche se voit un sépulcre, près duquel un pontife entouré de ses clercs, récite les prières des morts. Au bout opposé, des moines semblent lire un papier qui sans doute est le testament d'Alphonse. A droite, l'artiste a d'abord sculpté deux chanoines, puis Béranger Monge, commandeur d'Aix, en dernier lieu, le prieur du monastère; sur les deux côtés sont des pleureurs et des pleureuses.

A gauche, on voit encore un baldaquin plus petit que celui dont nous avons parlé, et soutenu par quatre colonnettes, aux chapiteaux ornés de feuilles d'ache. Sous le baldaquin se tient debout et revêtu de cotte de mailles, Béranger IV, qui, appuyé d'une main sur un grand bouclier, tient de l'autre la rose d'or, donnée par le pape Innocent. Le monument, du côté droit, est assez semblable à celui du côté gauche. Seulement, au lieu de la statue de Béranger, c'est celle de la reine Béatrix qui repose sous le baldaquin.

Tel est ce monument funéraire. Rien de plus gracieux que les moulures, les colonnettes et les ornements que l'artiste a su si bien distribuer.

La seconde chapelle que l'on rencontre, en prenant pour point de départ la chapelle du transsept du nord, est la chapelle de saint Joseph, bâtie par les Calissanes, dont les armes se voient encore à la clef de voûte. Cette chapelle est ornée de deux tableaux de Levieux, une Présentation de la Vierge au Temple et une Nativité.

La quatrième est décorée d'une toile d'André Bardou : la Religion tenant un calice.

La première chapelle à droite, en entrant, était celle des Sorbin. C'est maintenant un entrepôt de chaises. Pourquoi, nous sommes-nous dit, sacrifier ainsi des chapelles que le culte réclame? ne serait-il pas mieux d'avoir des bancs fixes? la méditation des fidèles ne serait pas troublée par ces meubles bruyants, et leurs non moins bruyantes dispensatrices.

Sur l'autel de la seconde chapelle, bâtie par Claude de Simiane, et consacrée aux âmes du purgatoire, est un tableau d'Armelin, représentant ces âmes malheureuses visitées par un ange.

Au côté droit est suspendu un tableau de Linsonius : la Résurrection de N.-S.; la figure principale, le Christ revêtu d'un blanc suaire, et tranchant sur le fond noir du tableau, nous a paru d'un effet saisissant. Au côté gauche, on voit une grande niche qui communique maintenant avec l'église, mais où se trouvait jadis un autel consacré à la Sainte-Croix par les habitants de la campagne. Le prieur Jean-Baptiste de Viguier le fit enlever, pour les punir de ce qu'ils s'étaient livrés le jour de leur fête à des excès scandaleux.

Dans la troisième chapelle, celle de Saint-Roch, un tableau à trois personnages a attiré notre attention. Nous en avons reconnu deux, saint Roch et saint Sébastien, mais nous n'avons pu reconnaitre le troisième; ce tableau semble appartenir à l'école byzantine. Au côté droit de la chapelle, se trouve un tableau dont le sujet est le Jugement de Salomon. Les deux mères sont les figures que l'artiste semble avoir voulu mettre le plus en relief, et il y a bien réussi. Nous avons surtout remarqué la véritable mère, sur la figure de laquelle se lit la crainte, l'anxiété, le désespoir.

Le côté droit de la quatrième chapelle est orné d'une Descente de Croix d'une belle composition et d'un sombre coloris. Les figures des personnages sont peintes avec bonheur, et celle de la vierge Marie, fait bien voir la douleur de son âme. On peut voir sur le côté gauche, un don de Sa Majesté Louis XVIII à la ville d'Aix. C'est une Glorification de saint François par Jouvenet. Le saint monte vers le ciel soutenu par des anges. Les figures de ceux-ci sont vraiment angéliques, et la figure du saint exprime bien la mystique extase dans laquelle est plongée son âme. Au haut du tableau, l'artiste a placé le Christ, qui semble sourire à son élu et l'inviter à partager sa gloire. On remarque d'ailleurs dans tout le tableau, une grande habileté de dessin et une grande vigueur de coloris. Après ces éloges mérités, qu'il nous soit permis de faire une observation, bien que nous reconnaissions nous-même toute notre incompétence. Nous avons trouvé d'un effet peu gracieux les ailes et le corps de l'ange placé au bas du tableau et tourné vers le saint.

Venons maintenant à la chapelle du transsept du sud. On a tout d'abord devant les yeux un tableau de Mignard, représentant Notre-Dame du mont Carmel. La mère du Christ est sur les nuages, près de son fils, mais un peu plus bas. J'ai vu des figures aussi gracieuses, aussi virginales que celle de Marie, mais peu de figures aussi monastiques et aussi bien réussies que celle du carme. Le petit ange qui se trouve au bas du tableau ressemble peut-être plus à un amour qu'à un ange. Ce tableau brille d'ailleurs par l'éclat aussi bien que par l'habile contraste des couleurs, qualités, qui, on le sait, caractérisent le faire de Mignard. Au-dessous de la toile de Mignard et à la place qu'occupait le tombeau de Béatrix, on a placé un buste du prieur Viany, décédé à Malte, dans la 88me année de son âge. A côté du buste de Viany on lit une inscription gothique, surmontée d'un écusson. C'est la pierre tumulaire de Dragonnet de Montdragon, grand prieur de Saint-Gilles.

Nous en avons maintenant fini avec l'église Saint-Jean. Passons à l'église de la Madeleine, qui renferme, elle aussi, des toiles dignes d'être admirées.

LA MADELEINE.

Il ne faut pas, dit le proverbe, juger les choses sur l'apparence, et le proverbe a bien raison. Jugez le temple par sa façade, vous n'entrerez pas dans la Madeleine, et certes vous perdrez beaucoup. Vous ferez comme je voulais faire, quand je la vis pour la première fois : Voilà un édifice détruit, me dis-je, et j'aurais passé outre, si mon estimable cicérone ne m'eût arrêté par ces mots : « Cet édifice inachevé ; c'était l'église de ces religieux prêcheurs qui s'établirent à Aix en 1226 ; ils la construisirent, en 1703, sur l'emplacement d'un ancien cimetière. Plus tard, lors du rétablissement du culte, elle fut érigée en paroisse. Ne vous étonnez pas de voir cette façade disgracieuse, il était ordonné aux Prêcheurs de laisser toujours dans leurs bâtisses quelque chose d'imparfait ; mais entrons, l'intérieur a de quoi nous dédommager. » Je le crus, et je fis bien.

Bâtie dans le style néo-grec et dans le genre des églises italiennes, l'église de la Madelaine forme une croix latine. Elle a 188 pieds de longueur, et je n'ai jamais vu à Marseille de temple aussi bien décoré. Rien de gracieux comme les piliers surmontés de feuilles d'acanthe ; rien de joli comme la guirlande qui court le long de la corniche ; rien de plus agréable à voir que le sanctuaire blanc et or, et les colonnes de son autel, et sa lointaine perspective. Je sais bien que ces ornements et ces sculptures ne portent pas l'âme à la méditation comme les lignes sévères de l'art gothique ; je sais bien que je suis plus ému sous une voûte jaunie par les siècles que sous un édifice bâti depuis peu ; je sais bien que le style néo-grec ne peut revendiquer le titre de grand et de beau ; mais je ne puis pourtant m'empêcher de regarder avec plaisir et même d'admirer un temple que l'architecte a si coquettement orné.

Ainsi, bien qu'elle ne soit pas gothique, cette église mérite l'attention. D'ailleurs l'amateur de tableaux y trouve, je ne dirai pas les plus belles toiles de la ville, mais les mieux placées et le mieux dans leur jour. Cela dit, passons à l'examen des différentes chapelles, et d'abord la chapelle du transsept du sud : on y voit, à gauche, un tableau de Viens représentant, au milieu des nuées, saint Louis soutenu par les anges. C'est un tableau d'un mérite incontestable, où l'on remarque surtout un petit ange agitant une couronne. En face, en entrant, on trouve une Visitation de Levieux. L'artiste a su bien faire ressortir la figure principale du tableau, la Vierge Marie, et, quoique l'on remarque un peu de raideur dans l'attitude de celle-ci, on ne peut s'empêcher d'admirer la délicatesse de ses traits. A gauche de la Visitation, Daret a peint un religieux entouré de malades. Ce tableau se recommande par un véritable mérite d'exécution par le grand nombre de personnages, et la variété de leurs figures.

Si l'on quitte la chapelle du transsept du sud pour descendre vers le bas de l'église, on rencontre tout d'abord la chapelle de la Vierge dont l'autel est surmonté d'une statue de Charité. La Vierge est représentée au moment où, ne pouvant plus contenir son saint enthousiasme, elle laisse échapper ce sublime cantique que l'on nomme *Magnificat*. La draperie qui couvre la Vierge est sculptée si habilement qu'on ne la dirait pas l'œuvre de l'art, et cette statue est si belle, que nous concevons qu'on demande sans cesse au curé de la mouler et de la reproduire.

La chapelle qui vient après, celle du Rosaire, est enrichie de Notre-Dame de Rosaire par le peintre Daret. Le haut du tableau représente la Vierge et son Fils, et devant eux sont prosternés un religieux et une religieuse. La partie inférieure de cette toile représente le Purgatoire : un ange vient visiter les malheureux et les tire de ce lieu de peine en leur tendant un chapelet.

On peut voir tout près du Baptistère, une toile où Simonius a peint le Baptême du Christ. Le corps du Christ et de saint Jean décèle chez l'artiste une connaissance approfondie de la structure humaine, tandis que ces jolies têtes d'ange nous révèlent son imagination gracieuse. Les têtes d'anges sont si bien réussies, que lors de son passage à Aix, un artiste flamand voulait en couper deux, s'engageant, si on le lui permettait, à faire encadrer le tableau, et à donner encore à la paroisse une assez forte somme (800 fr.)

Vis-à-vis les fonts-baptismaux, dans la première chapelle de la nef, à gauche, est un tableau de Mignard : la Nativité. Dans le haut sont de ravissants petits anges qui, les yeux fixés sur le berceau, semblent chanter de pieux cantiques. Mais ici même il nous faut mêler la critique à la louange, la jambe de l'un des anges nous a semblé trop grosse pour son corps.

La Mort de saint Joseph, tableau que nous avons vu dans l'autre chapelle, nous a paru d'une médiocre exécution ; la figure du saint est d'une couleur outrée, et je désirerais plus de noblesse dans celle de la Vierge.

La chapelle qui vient ensuite est celle de Notre-Dame-de-Grâce, dont la statue remonte au XIIIe siècle. C'est saint Bonaventure qui la fit faire sur le modèle de Notre-Dame-de-Fourvières et la donna aux Cordeliers pour leur exprimer sa satisfaction à son passage à Aix. C'est un pieux usage de sortir cette statue dans les temps de sécheresse pour demander à Dieu la pluie.

Si l'on regarde cette chapelle, il est impossible de ne pas s'apercevoir que les murs en sont couverts de plaques de marbre aux inscriptions noires. Voici l'explication de cette singulière tapisserie. Lorsqu'il fallut orner cette chapelle, le curé de la paroisse engagea les habitants à apporter chacun leur pierre ; son appel fut entendu, et si l'on veut savoir quelle famille fit poser telle pierre, qu'on déplace la pierre, sous la plaque de marbre se trouve un parchemin portant écrit un nom.

D'ailleurs cette chapelle n'est pas seulement recommandable par les dons de la piété des fidèles, mais encore par les œuvres d'art qui la décorent. On a placé derrière l'autel une Annonciation de Van Loo, œuvre aussi recommandable par le fini que par la noblesse du dessin. On peut voir, à gauche en entrant, au milieu de deux autres tableaux, une toile trop ancienne pour que nous n'en donnions pas une description. C'est encore une Annonciation, mais une Annonciation d'un genre tout particulier : l'ange vient saluer Marie dans le temple où elle est en prière; le costume de la Vierge est un manteau jaune artistement brodé, celui de l'ange, une grande chape rouge d'où sortent deux blanches ailes et que surmonte une longue étoile; au fond du temple, on célèbre la messe, et dans une tribune, au haut du tableau, paraît le Père Eternel qui souffle sur Marie un rayon de lumière. On comprend, en voyant cette toile, que, si elle n'est pas l'œuvre d'Albert Durer, elle est certainement l'œuvre d'un grand artiste; aussi le curé de la paroisse, malgré des offres séduisantes, n'a jamais voulu la céder au gouvernement.

A gauche de cette Annonciation, se trouve un Saint Jérôme de Ribeyra, dit l'Espagnolet. Cette toile est, dit-on, un chef-d'œuvre, et l'on est effectivement impressionné par cette figure longue et maigre, par ce corps fortement musclé et cette attitude de recueillement.

Dans la chapelle du transsept du nord, est une gracieuse toile de Van-Loo, représentant Jésus à qui un ange offre les instruments de sa passion.

Il ne faut pas quitter la Madeleine sans jeter un coup d'œil sur les longs corridors de l'ancien cloître. Le voyageur verra, dans le corridor à droite, diverses inscriptions qui lui apprendront qu'avant de siéger au Palais actuel la Cour royale a tenu ses séances dans les salles qui servent aujourd'hui de classes.

Voilà les curiosités que renferme la Madeleine. N'avions-nous pas raison de dire que l'intérieur vaut mieux que l'extérieur.

SAINT-ESPRIT.

Il n'est pas de Marseillais qui n'ait entrevu, dans son séjour à Aix, la façade de l'église du Saint-Esprit ; car il n'est pas de Marseillais qui ne soit allé vis-à-vis pour acheter une espèce de gâteaux appelés *torques*, mais il en est peu qui soit entré dans l'intérieur du temple ; et pourtant cette église, bien qu'on ne puisse la comparer à aucune de celles dont nous avons parlé, ne mérite pas cette complète indifférence.

Comptant sur les matériaux que nous avait promis le curé de la paroisse, nous nous proposions de donner quelques détails historiques sur l'église du Saint-Esprit ; mais les pièces que nous attendions ne nous étant pas parvenues, nous nous voyons forcé d'emprunter les quelques lignes suivantes à un remarquable ouvrage de M. Roux Alphéran : *les Rues d'Aix* :

« L'église paroissiale de Saint-Jérôme, vulgairement dite du
« Saint-Esprit, est située au bas de cette rue (la rue du Saint-
« Esprit), sur l'emplacement de l'ancien hôpital Saint-Esprit,
« destiné aux enfants trouvés, et fondé au commencement du
« VIIIe siècle, sous l'épiscopat de Bernard Carnuti..... Une
« nouvelle paroisse ayant été jugée nécessaire, attendu l'aug-
« mentation de la population, l'église de l'hôpital Saint-Esprit
« fut choisie en 1676, pour y établir le culte paroissial, et le
« cardinal Grimaldi, archevêque d'Aix, la plaça sous l'invoca-
« tion de son patron, saint Jérôme ; mais le nom de Saint-Es-
« prit a continué de prévaloir et s'est perpétué jusqu'à nous
« dans l'usage perpétuel et journalier, quand on parle de cette
« paroisse. La bâtisse de l'église actuelle ne fut entreprise
« qu'en 1716, et la première pierre en fut posée le 4 mars, en
« présence du chapitre, sous l'épiscopat de Daniel de Cosnac,
« par les consuls et assesseurs ; elle a été construite un siècle
« plus tard par Mgr de Cicé. »

L'architecture intérieure de l'église, dans le genre néo-grec, est simple, mais pourtant élégante, et je trouve d'un assez bel effet les piliers ornés de feuille d'acanthe. Mais il y a dans cette église deux choses qui choquent à première vue : l'autel et l'orgue ; non pas que je veuille blâmer les colonnes et le couronnement de l'autel, les boiseries et les sculptures de l'orgue ; mais je trouve que cette orgue immense et ce grandiose autel sont peu en harmonie ou même pas du tout en harmonie avec la petitesse et l'étroitesse du vaisseau. Après ces observations générales, passons aux détails, et d'abord allons voir une Assomption dans la chapelle du transsept du nord, c'est un tableau fort curieux qui figurait jadis dans la chapelle du parlement et que l'on a depuis transporté dans l'église du Saint-Esprit. Ce tableau peut se diviser en trois parties : d'abord les anges qui s'apprêtent à recevoir Marie, les uns en chantant, les autres en faisant de la musique, d'autres en battant la mesure ; ensuite la Vierge elle-même ; en dernier lieu, les apôtres qui la regardent monter vers le ciel. Ce qu'il y a de remarquable, c'est que la figure des apôtres reproduit exactement la figure des douze conseillers nommés par Louis XII. Au-dessus, on voit la présentation de la Vierge au temple, toile de Massot, dont le roi a fait don à la ville d'Aix en 1821. J'ai surtout remarqué dans ce tableau la figure du grand-prêtre et la joie de la Vierge

Dans la chapelle du transsept du sud, est une peinture de Daret qui ne nous paraît pas à la hauteur de ses autres ouvrages. Il y a aussi tout autour de cette Pentecôte quatre tableaux anciens sur bois et assez remarquables. Cette chapelle est encore ornée d'une grande toile donnée par le ministre de l'intérieur.

Ce qu'il faut considérer dans cette toile, c'est le corps gisant à terre.

Ne quittez pas l'église sans aller voir à droite une statue de la Vierge ; bien qu'elle ne puisse être comparée au chef-d'œuvre de Chastel, cette statue en marbre mérite pourtant de fixer l'attention La figure et la draperie de la Vierge nous ont paru bien réussies.

Voilà ce qu'il y avait dans l'église du Saint-Esprit. J'allais oublier une toile d'André Bardin, placée en face de la chaire, et représentant un Christ en croix.

Nous ne croyons pas inutile de faire observer que l'église du Saint-Esprit n'a pas pour clocher celui qui se trouve vis à-vis d'elle. Cette tour octogone reposant sur un massif carré, appartenait à l'église des Augustins, détruite pendant la révolution.

Maintenant, pour en finir avec les monuments religieux de la ville d'Aix, il nous reste à parler de trois chapelles qui méritent une visite et une mention particulière : je veux parler de la chapelle des Jésuites, de la chapelle des Minimes, et de la chapelle des Pénitents Bourras. La chapelle des Jésuites, rue Lacépède, se recommande par ses sculptures et ses ornementations; la chapelle des Minimes, hors la ville, près de la route d'Avignon, par ses souvenirs; elle est en effet bâtie sur l'emplacement de l'ancienne cathédrale de Notre-Dame de la Seds; c'est par un ouvrage de sculpteurs flamands que se fait remarquer la chapelle des Pénitents Bourras, rue Bauvezet, cet ouvrage est trop curieux pour que nous nous contentions de l'indiquer. Fait en 1555, il représente la mise du Christ au tombeau. Sur le devant, deux personnages dorés déposent l'Homme-Dieu dans le sépulcre. Autour du sépulcre est la Vierge, que soutiennent saint Jean et Marie Magdeleine. Près d'elle se tient Marie Salomé, qui porte des parfums. Derrière le sépulcre l'artiste a fait la représentation du calvaire : l'une des croix n'a pas de corps, c'est celle du Christ; le bon et le mauvais larron sont sur les deux autres. Au fond, on aperçoit des anges soutenus par les nuées, au centre le soleil à dessein obscurci, et la foudre qui fend la voûte du temple. Nous engageons vivement nos compatriotes à ne pas négliger ce dernier monument, et sans avoir l'espérance d'avoir tout dit ou tout visité, nous espérons qu'on voudra voir ce que nous avons vu.

Henri SYLVESTRE.

www.ingramcontent.com/pod-product-compliance
Lightning Source LLC
Chambersburg PA
CBHW060557050426
42451CB00011B/1957